Otto Abt
# Schwester Natur
Haiku, Senryu

Regenwald in Grau
Wasserfall vom Licht durchstrahlt
bejubelt den Tag

**Bibliografische Information der Deutschen Nationalbibliothek**
Die Deutsche Nationalbibliothek verzeichnet diese Publikation in der Deutschen Nationalbibliografie; detaillierte bibliografische Daten sind im Internet über http://dnb.dnb.de abrufbar.

© 2016 Otto Abt
Umschlaggestaltung nach Bildern von Basuki Abdullah
und Prof. Ernst Weiers
Herstellung und Verlag: BoD – Books on Demand
ISBN 978-3-7412-1189-8

Poesie ist der
Atem der Seele – Haiku
ein tiefes Luftholen

*Für Pauline Larasati Abt*

## Vorwort

Das kurze, aus drei Zeilen bestehende Gedicht mit je 5–7–5 Silben findet seinen Ursprung im buddhistischen Japan. Bei meinen Haiku ist dieser Einfluss noch ein wenig zu spüren, wie ich hoffe. Dennoch etablieren die Kurzgedichte ihren eigenen abendländischen Charakter, wie ich ebenfalls hoffe.

Es handelt sich bei ihnen um die poetische Umsetzung von Vorgängen und Zuständen, die in der Natur, aber auch beim Menschen zu finden sind. Dargestellt in einem nur kurzen Augenblick gewähren sie Einsicht ins menschliche und natürliche Wesen.

Ein Haiku lädt ähnlich einer Ikone zum Betrachten, das heißt zum Verweilen ein. Der Leser möge sich die angedeutete Situation selbst ausmalen, wenn er Gewinn daraus ziehen will. Mit anderen Worten ausgedrückt veranlasst das Haiku jeden, sein nur zu ihm passendes eigenes Bild zu schaffen. Das Lesen wird kreativ und entfaltet eine spezifische Wirkung.

Eine Sonderform dieser Kunstart stellt das Senryu (ab Seite 41) dar, denn es transportiert viel stärker als das Haiku die Meinung des Autors. Wer diese nicht mit ihm teilen möchte, muss sich selbstverständlich nicht mit ihr beschäftigen.

Der Verfasser hofft, trotz der Fülle heutiger Literatur einen Leser zu finden, dem auch nur eines seiner Gedichte gefällt. Dann hätte er schon sein Ziel erreicht.

## Mein Dank gilt

dem Kollegen Crauss aus Siegen sowie meiner Frau Tieneke Abt für die Unterstützung meiner Arbeit,

den Herren Friedhelm Schick, Klaus Kärcher, Hans-Joachim Rohrmus und Roman Pacholek für die musikalische Begleitung meines Lebensabschnitts während der Entstehung dieses Büchleins,

Frau Christa und Herrn Wilfried Bantle für die Einladung zu einem inspirierenden Toskana-Aufenthalt

*Otto Abt*
*Siegen im November 2015 und Mai 2016*

Klänge aus Brokat
wehen lichtschillernd zu Tal
jubeln vom Frühling



Die Sonne streichelt
mit zärtlichem Schein den Wald
weckt ihn mit Helle



Die Mittagswärme
liebkost scheu die Haut des Sees
er lächelt verklärt

Feuer im Jubel
Ostern, Gesänge schmettern
Freude birst gleißend



Gamelan tupft froh
buntsonnige Farben auf
Ostern in Java

Gewölk wie Daunen
es wiegt sich im Frühlingswind
treibt fröhlich davon


Aus blauen Höhen
rieselt Heiterkeit durch die
offenen Poren

Die Wolkensegel
ziehen durch den Himmelsraum
hoch über Grenzen


Zu Füßen der See
umarmt von den Vulkanen
ein Segel blüht auf


Buddha-Statue
schaut in die Welten des Alls
lehrend im Schweigen

Ton vom Gamelan
tropft Heiterkeit von oben
verschenkt sein Lächeln




Gesang der Flöte
verwebt sich mit Blütenduft
verklingt in Wehmut




Der Klang des Gongs strömt
übers Land, findet Heimat
im Unendlichen

Herzschlag tiefer Nacht
aus den Sternen quillt Weite
die Sprache des Alls



Stimmen des Windes
hör auf die Botschaft: öffne
grenzenlos Dein Herz

Die Bank am Waldrand
mein Blick schweift über Felder
die Lerche jubelt

Klänge vom Klavier
durchwallen den Abendhauch
verdämmern in Nacht


Lied der Oboe
zieht in gleißenden Bahnen
hin zu den Sternen


Trompetenstoß dringt
vor bis zum jubelnden Glück
verströmt in Trauer

Der Geigengesang
begleitet die Weisen der
Engel auf Erden



Der Kontrabass führt
zum Grund der Erde, spielt in
wärmenden Farben



Die Orgel verwebt
ihr Kunstwerk aus Tönen mit
Fäden des Lebens

Eine Rose spielt
mit dem Sommerwind, träumt von
einstigen Zeiten


Die Kopfwaide neigt
sich grüßend zur Seerose
lässt sie erblühen

Das Reh im Garten
es ruht unter dem Baum, äst
senkt den Kopf und schläft



Die alte Linde
fest verankert, gelassen
blickt in die Ferne

Kahle Baumreihe
Schiffsmasten vor hellem Meer
singen von Weite

Im Dom zu Massa
Maritima: geborgen
im Unendlichen



Hauch vom Himmel legt
sich zärtlich auf die Berge
hüllt sie in Weihrauch

Die See atmet beim
Wellenschlag, tätschelt den Strand
träumt wie im Schlafe


Das Meer liegt müde
atmend in Wolkendecken
von Bergen umarmt

Die Sonne sprengt den
Wolkenwust über dem Meer
mit siegreichem Strahl

Zypressen fast schwarz
Grabmäler in einer Front
düstere Natur




Die Buckelklinge
der Berge schneidet scharf den
Horizont – er schweigt




Dieselben Berge
tanzende Kuppen in Blau
verzaubert vom Licht

Die Sonne beherrscht
die Landschaft; nur die Grille
zirpt ihr schrilles Lied

Thronsaalgewölbe
aus Gold – Macht und Würde im
Petersdom zu Rom

Die Pietà von
Michelangelo, durch Leid
verklärte Schönheit

Ein Farbmosaik
Berghänge im Herbstgewand
Fest vor dem Abschied



Letzter Abendschein
taucht den Wald in Farbenglut
kündet von Liebe

Spät im Jahr: das Licht
durchflutet die Rebhänge
adelt die Trauben

Das bunte Laub sinkt
leuchtend zu Boden, bedeckt
ihn mit edlem Vlies


Im dürren Gezweig
leuchtet rot eine Beere
verlockt mit Süße

Das Tal versinkt im
Nebel, wie träumend schweben
die Berghänge dort




Dunst verhüllt sorgsam
laute Oktoberfarben
verströmt Zärtlichkeit

Mondfrucht bricht auf: Klang
drängt heraus, tönt behutsam
durch silbernes Land

Herbst voller Schimmer
gleißendes Erntefest, doch
der Winter naht bald




Ein älteres Paar
Hauch von Abschied senkt sich auf
die letzte Liebe




Mit meinen Träumen
umhülle ich deinen Schlaf
mein Lied deckt dich zu

Verwelktes Blatt schwebt
bei Abendsonne auf den
Sarg in der Tiefe



Zerschlagenes Rot
über nachtfinsterem Berg
sucht Schutz in Wolken

Erster Schnee legt sich
weich auf das Blatt der Rose
sie leuchtet stärker




Frostige Leere
im Wald kein Vogelsang; doch
ein Sonnenstrahl küsst

Stille im Tann – nur
ein hängender Ast im Wind
pocht am hohlen Stamm



Verschimmeltes Schwarz
der Sturmwolken schreckt drohend
das gelbe Laub strahlt

Einsame Krähe
fliegt durch kahlen Forst – ihr Schrei
verhallt im Leeren

Trüber November
Nebel klebt an den Hängen
zieht Stränge gleich Leim



Melancholie wogt
endlos in Nieselschwaden
umschlingt mich mit Grau

Regenwände im
Winter fegen übers Feld
es friert unterm Eis

Das stolze Flugzeug
Sieger über die Lüfte
zerschellt jäh am Berg



Ein freundlicher Mann
Nachbar von nebenan wird
eiskalter Henker

Klare Winternacht
die Sterne säen Schimmer
übers finstre Land


Der Winter droht mit
frostigen Nächten, doch wärmt
bald das Weihnachtslicht

Jauchzen von Kindern
auf dem Schlitten: Eine Welt
erfahren sie neu



Schatten von Zweigen
streicheln mild im Sonnenschein
den froststarren Grund

Licht aus dem Dunkel
Strahlenklänge von Engeln
ewige Weihnacht

○

Unser Gottesbild
erscheint oft fest umrissen
Er bleibt unfassbar


Leben entsteht neu
im liebenden Austausch von
Himmel und Erde

Tod ist die Geburt
zur Größe des Himmels hin
in Seine Hände

Allerhöchster, Du
durchdringe meine Makel
mit Deiner Liebe!



Nicht beten zu Dir
mein Vater, sondern in Dir
atmen ist mein Wunsch

Heute zerbrechen
Traditionen; was bleibt
ist Seine Liebe

○

Abgelegter Stift
auf dem leeren Papier, was
wird er noch schreiben?

**Nachwort**

Otto Abts vorliegender Jahreskreis in Haiku und Senryu läuft ganz ähnlich ab wie der Film *Frühling, Sommer, Herbst, Winter ... und Frühling* des südkoreanischen Regisseurs Kim Ki-duk: Die Jahreszeiten kommen und gehen, ohne dass man den eigentlichen Wechsel sieht. Man spürt die Veränderung des Wetters, nur selten ein helleres, ein schärferes Licht, ein hervorstechender Ton, der angeschlagen wird.

Das Meditative der Gedichte von *Schwester Natur* läuft dabei in keinem Moment Gefahr, ins rein Esoterische abzugleiten. Denn einerseits werden sehr konkrete Bauwerke (»Dom zu Massa«), Anlässe (»Ostern in Java«) und Situationen genannt, andererseits verhindern die Haiku und Senryu eine schwelgerische Beliebigkeit oft durch relativ konkrete Anweisungen an den Leser, wie er sich Bilder zu denken hat; nicht nur schön, als reine Oberfläche, als getupfte Aussicht, sondern als auch innerhalb der unterschiedlichen Jahreszeiten ähnlich wiederkehrende Entwicklung oder implizite Handlungsanweisung.

Atme! Spüre deine Haut, die Grenze, den Übergang zu deiner Umgebung! Reiße die Arme auf wie Wolken aufreißen, öffne dich dem Licht. Sei zuversichtlich! Ströme! Mit einem Wort: traue dich, trau dir was zu vor dirselbst und in der Welt.

Kulturkreise und kulturelle Erfahrungen des Autors wie des Lesers vermischen und ergänzen sich: was beispielsweise »die alte Linde« (S. 14) nicht vermag, weil sie am Brunnen vor dem Tore fest verankert, in der Heimat verwurzelt ist, lehrt uns die »Buddha-Statue« (S. 7) durch ihr stoisches Blicken ins Weite: das körperliche Stillstehen, das Schweigen auszuhalten, mit ihm umzugehen. Denn Stillstehen bedeutet ja keinesfalls Stillstand. Es sagt: Innehalten, Schauen, Lauschen: schon tropft ein Gamelan-Ton in den anderen (S. 8), strömt ins All und findet im Offenen Heimat, Geborgenheit also, Einfügung.

Dies ist, was Otto Abts Gedichte vermögen: durch eine dezente Reihung uns loszuschicken auf eine nicht immer rein angenehme Gedankenreise, uns aber im unsicheren Augenblick wissen zu lassen, dass wir nicht allein sind auf der Wanderung. Die meisten Haiku, insbesondere aber jene im Frühlingsabschnitt dieses Buchs, vermeiden zu sagen, es handele sich um einen menschlichen Begleiter, wennauch wir beim wehmütig wehenden »Gesang der Flöte« (S. 8) vielleicht an einen Hirten, eventuell an den bocksbeinigen Pan denken. Sind wir das aber nicht selbst? Haben wir nicht in unsselbst genau den Begleiter, dem wir vertrauen können auf dem Weg durch die Jahreszeiten und ins Ungewisse?

So dienen Abts Haiku im Besten Sinne der Erbauung, des uns selbst Mut Zusprechens, und zwar in einer einfachen Sprache, damit auch die entstehenden Bilder einfache, universelle sein können.

Wem das zu schlicht ist, der überlege, ob er sich Zeit genug gelassen hat. So manches Wort hält eine doppelte Bedeutung bereit – beispielsweise beim Farbmosaik der »Berghänge im Herbstgewand«. »*Fest* vor dem Abschied« sagt: es ist ein prächtiger, eben festlicher Anblick, die Berge sind aber gleichzeitig starr, erstarrt, tun nichts *gegen* den Abschied etc. Auch der blaue Himmel ist nicht einfach strahlend und wolkenlos – er ist leer. Er fordert uns auf.

*Crauss.*
*Siegen, den 21. April 2016*

# Über den Autor

Otto Abt, Mitglied des FDA, lebt in Siegen. Er wurde 1931 als Sohn einer Lehrerfamilie in Kerken-Stenden (Niederrhein) geboren. Nach dem Abitur in Borken (Westf.) besuchte er die Pädagogische Akademie in Essen-Kupferdreh, wurde Lehrer im Siegerland und beendete 1993 den Schuldienst als Rektor.

Bereits während der Gymnasialzeit beschäftigte sich Otto Abt mit asiatischer Kultur und vertiefte später sein Wissen an der Universität Köln sowie während zahlreicher Asienreisen. Er erhielt eine Ausbildung im Handpuppenspiel durch Friedrich Arndt, dem Vertreter der Hohensteiner Kasperlebühne in Westdeutschland.

Heute ist er Lehrer für Tai Chi und Marga Luyu 151 (eine javanische Geheimkunst), und freier Mitarbeiter beim *Südostasienmagazin*. 1991 gründete er zusammen mit seiner Frau, einer Indonesierin, das Siegener-Gamelan-Orchester,[1] das ihnen privat gehört und authentische javanische Musik spielt. 1998 erschien eine CD-Aufnahme.

---

[1] http://www.dig-suedwestfalen.de/gamelan/gamelan.htm

## Buchveröffentlichungen

1999 *Aufbruch, Unterwegs, Abschied*, Gedichte; Verlag Arthur Göttert
2001 *Von Liebe und Macht - Das Mahabharata neu erzählt*; Horlemann-Verlag
2001 *Schon schimmert Licht*, Gedichte; Verlag Arthur Göttert
2002 *Gamelan aus Java - Zum Verständnis der Musik*; Videel-Verlag
2003 *Botschaft der Hoffnung und Freude - Das Ramayana neu erzählt*; Horlemann-Verlag
2005 *Worte aus der Stille - Haiku/Senryu*; Durchblick-Verlag Siegen
2007 *Juwelen aus dem Regenwald - Panji und Sekar Taji*; Horlemann-Verlag
2008 *Der Alltag ist spannend - Ein Kaleidoskop aus Erlebtem, Reflektiertem, Erdachtem*; Triga – Der Verlag
2009 *Herbstblätter - Haiku/Senryu*; Deutscher Lyrik Verlag
2010 *Auch das ist Islam - Sunan Kalijaga, der große Apostel aus Java*; Triga – Der Verlag
2010 *So war es im Siegerland - 50 Jahre Mäckes*; Durchblick-Verlag Siegen
2011 *Gelebter Augenblick - Haiku/Senryu*; Durchblick-Verlag Siegen
2014 *Verborgene Weisen - Haiku/Senryu*; Durchblick-Verlag Siegen

## Veröffentlichungen in Zeitschriften und Anthologien

Berthold Damshäuser (Hrsg.): *Orientierungen. Zeitschrift zur Kultur Asiens*. Heft 2, 1997; Universität Bonn

Bibliothek Deutschsprachiger Gedichte, Ausgewählte Werke IX u. X. München: Realis Verlag 2006/07

Frankfurter Bibliothek der Brentano Gesellschaft Frankfurt/M: *Das Neue Gedicht 2004*

Prof. Dr. Udo Tworuschka et al. (Hrsg.): *Religiopolis. Weltreligionen erleben*. Stuttgart: Ernst Klett Verlag 2004/05

verschiedenen Ausgaben des *Südostasien Magazin* ab 2007; Hrsg.: Dr. Frank D. Wickl u. Sabine Miehlau

KORA-Kalender 2007, Haiku

*Ein kleines Buch voll Liebe.* Stuttgart: Pons-Verlag 2009

Berthold Damshäuser und Michael Rottmann (Hrsg.): *Wege nach - und mit - Indonesien.* Berlin: regiospectra-Verlag 2015

*Panji - Wiederbelebung eines javanischen Kulturerbes.* In: Kita. Magazin der Deutsch-Indonesischen Gesellschaft. Köln Nr. 1/2015

durchblick Autorenzeitschrift; Durchblick-Verlag Siegen: 1/2015; 3/2014; 4/2013; 2/2012; 3/2011

**weitere Informationen zum Autor** finden sich u.a. auf Wikipedia, im Kürschner Deutscher Literaturkalender (seit 2002), im Deutschen Schriftstellerlexikon des BDS (seit 2004), in der Presseübersicht der Deutsch-Indonesischen Gesellschaft Südwestfalen e.V., im Kulturhandbuch des Kreises Siegen-Wittgenstein, im Katalog der deutschen Nationalbibliothek sowie in der 13-seitigen Abhandlung *Javanische Kultur in der Gedichtsammlung von Otto Abt* von Yati Sugiarti, UNY Yogyakarta, anlässlich der Germanistentagung 2010 in Indonesien.